INSTITUT DE FRANCE

ACADÉMIE DES SCIENCES MORALES ET POLITIQUES

GUIZOT
ET
L'ENTENTE CORDIALE

PAR

M. le Commandant WEIL

Extrait du *Bulletin de l'Académie des Sciences morales et politiques*

PARIS

LIBRAIRIE FÉLIX ALCAN

108, BOULEVARD SAINT-GERMAIN, 108

1921

GUIZOT ET L'ENTENTE CORDIALE

Messieurs.

Il y aura bientôt deux ans, dans le courant du mois d'avril 1919, j'avais l'honneur de vous présenter un modeste essai auquel j'avais donné pour titre : *Metternich et l'Entente Cordiale*. Je n'avais pas manqué alors de vous faire remarquer qu'à mon grand regret et en dépit de tous mes efforts, de toutes mes recherches, je ne vous apportais qu'une communication malheureusement incomplète. Si j'avais eu la bonne fortune de tirer des Archives des Affaires étrangères la dépêche que le prince de Metternich adressait, le 19 avril 1844, au comte Rodolphe Apponyi, il m'avait été en revanche impossible de mettre la main sur la lettre particulière de Guizot au comte de Flahaut. Aujourd'hui, grâce au précieux concours qu'a bien voulu me donner un de vos collègues de l'Académie des Inscriptions et Belles-Lettres, mon cher et excellent ami, Charles Bémont grâce à la générosité et à la bienveillance de Mme de Witt-Schlumberger, à laquelle je ne sais réellement comment exprimer ma gratitude, je suis enfin en mesure de combler cette lacune.

Je m'en voudrais, Messieurs, d'abuser de votre patience et des instants que vous voulez bien m'accorder en revenant à nouveau, fût-ce même en quelques mots sur l'état, qui vous est si bien connu, des relations entre les différentes cours et plus particulièrement entre les cabinets des Tuileries, de Saint-James et de Vienne au printemps de 1844. M'abstenant donc de tout commentaire, je vais vous soumettre la pièce, capitale à mon sens, de ce dossier, puisqu'elle a provoqué cet intéressant échange de vues entre les deux grands hommes d'État qui dirigeaient à ce moment la politique de la France et de l'Autriche, la lettre particulière de Guizot à Flahaut, que Mme de Witt-Schlumberger a eu l'extrême bonté de tirer pour moi des riches archives du Val Richer, et dont par une heureuse coïncidence je me trouve appelé à vous donner lecture au moment où Mme de Witt vient d'être l'objet d'une distinction, à laquelle personne n'avait plus de droits qu'elle.

I

Guizot au comte de Flahaut, Ambassadeur à Vienne.

Paris, 16 mars 1844.

« Mon cher comte,

« Vous avez raison. Je suis bien en retard avec vous. Outre le défaut de loisir, voici un motif spécial et le plus vrai de mon long silence. La situation a été quelque temps un peu incertaine. Il ne me plaisait pas de vous en écrire et, par vous, au prince de Metternich, tant que je n'avais que des choses douteuses à vous en dire. Avec un homme comme lui, je ne puis souffrir de parler vaguement et incomplètement. J'ai mieux aimé attendre que la question fût résolue. Elle l'est aujourd'hui.

« Dès le début de la session, il a été clair que l'opposition se réorganisait et ferait sérieusement la guerre. Que le centre gauche le voulût ou non, la gauche était décidée à entrer en campagne. La coterie américaine, la monnaie de M. de La Fayette, MM. de Tocqueville, Beaumont, Corcelles, etc... ont remis dans les veines de la gauche un peu de sang, non pas nouveau, mais plus jeune, qui ne veut pas de la somnolence, à laquelle peut-être M. Barrot se résignerait. Le centre gauche de son côté, Thiers en tête, impatienté que la conduite réservée, qu'il tenait depuis la loi de Régence[1], ne l'eût pas encore mené au Pouvoir, avait envie d'en tenir une autre et de s'éloigner de nouveau du centre pour se reporter vers la gauche. Duvergier de Hauranne, avec l'activité bilieuse que vous lui connaissez, s'est emparé de ces dispositions; il est allé, venu, retourné de la gauche au centre gauche, du centre gauche à la gauche; il a mis en mouvement les journaux, les pourparlers, les réunions et, sous l'impulsion de sa fatigante et infatigable volonté, toutes les nuances de l'opposition se sont ralliées et ranimées pour attaquer en masse et à fond le Cabinet. »

« Divers incidents leur ont été favorables :

« 1° La prétention de Dupin à la Présidence. Il n'a pas ouvertement passé à l'opposition, mais il est resté mécontent et cherchant à être malfaisant.

« 2° Belgrave Square et le mot *flétri*[2]. C'est le grossier

---

1. La loi de Régence avait été présentée à la Chambre à la séance du 9 avril 1842. Ce fut seulement après le remarquable rapport fait par le duc de Broglie, le 27 août, que la Chambre des Pairs vota, le 29, le projet qui, après de longs débats assez orageux, avait été sanctionné au Palais Bourbon.

2. Le voyage d'Eu (la visite que la reine Victoria vint faire à Louis-Philippe au commencement de septembre 1843) ne satisfit sans doute que médiocrement le Cabinet britannique. S'il eût obtenu du Ministère français ce qu'il voulait, il n'eût certainement pas toléré la manifestation légitimiste que le duc de Bordeaux provoqua un mois après (novembre) sous le nom désormais historique de comte de Chambord, en se rendant à Londres où, à grand bruit, les chefs de ses partisans vinrent le saluer roi. Louis-Philippe se montra peut-être plus irrité qu'il ne convenait, du pèlerinage de *Belgrave Square*. L'incorrection diplomatique du Gouvernement anglais lui fut profondément sensible. Il n'était pas homme à y répondre par une rupture violente. Mais tout en continuant à ménager prudemment la Cour de Londres, il sembla pendant quelques temps, vouloir soutenir ses intérêts vis-à-vis d'elle avec un peu plus de fermeté que par le passé (Debidour. *Histoire diplomatique de l'Europe*, I, 409).

« La commission de l'adresse, au Palais Bourbon, eut la main plus lourde que la commission de la Chambre des Pairs. Elle proposa la phrase suivante : *La conscience publique flétrit de coupables manifestations.* Commencée le 26 janvier 1844, la délibération ne se termina qu'après une chaude bataille par le rejet, par 220 voix contre 190, d'un amendement pro-

esprit d'un homme de gauche qui l'a inventé ; une fois
inventé, nous n'avons pas pu ne pas le soutenir, car son
abandon eût été pour les légitimistes une victoire ; mais
son adoption les a rejetés tous, pour quelque temps, dans
l'opposition.

« 3° La démission de Salvandy [1] et son motif, petit et

posé par la gauche qui substituait le mot : *réprouve*, au mot : *flétrit* »
(Thureau-Dangin. *Histoire de la Monarchie de Juillet*, tome V, p. 234-235).

Le jugement, que Metternich porte sur les incidents de Belgrave Square
et sur les intentions du duc de Bordeaux, est si étrange et caractérise
d'autre part d'une manière si frappante la tournure d'esprit et les préfé-
rences politiques du Chancelier qu'il m'a paru utile de le reproduire ici.

« Quant à ce qui regarde les scènes de Belgrave Square, écrit-il, le
« 9 mars 1844, à Apponyi (*Mémoires*, VII, 1481, p. 22-23) je me permets une
« réflexion qui, je l'avoue, aurait pu être faite également à Paris. Voici
« l'impression que m'ont faites les manifestations de Belgrave Square et
« elle diffère du *jugement* du Cabinet français.

« La circulaire du Cabinet français [1] pose en principe que Monseigneur
« le duc de Bordeaux a déployé le caractère de *Prétendant*. A mon avis,
« il s'est dépouillé de cette qualité en prenant *poste* comme *Concurrent*.
« Ce n'est pas en effet en reconnaissant la *Souveraineté nationale* et le
« droit de la Nation souveraine de choisir son chef que le descendant en
« ligne directe de la branche aînée de la maison de Bourbon se pose en
« *Prétendant*. N'est pas Prétendant qui veut. Tout Français peut être con-
« current, à tort ou à raison, avec ou sans chances de succès, peu importe
« quand il s'agit du principe. J'ignore si telle a été la pensée du jeune
« Prince et je suis même tenté d'admettre la supposition contraire ; mais
« je juge l'événement. Si mon raisonnement est juste, il s'ensuit que c'est
« le Cabinet français qui aurait rendu à Monseigneur le duc de Bordeaux
« une qualité dont il se serait dépouillé lui-même.

« Ceci, mon cher comte, n'est pas de l'argutie, mais l'examen d'une
« question académique, sans autre portée que n'en ont communément de
« pareilles questions ».

1. « Le rôle de M. de Salvandy, alors vice-président de la Chambre et
ambassadeur à Turin, avait causé une grande irritation aux Tuileries,
quand il y accompagna, en sa qualité de vice-président, la députation
chargée de porter l'adresse. Le Roi, qui ne savait pas toujours se con-
tenir, ne répondit pas à son salut et l'entraînant dans un salon voisin, lui
exprima vivement son mécontentement. Les éclats de sa voix arrivaient
jusqu'aux députés qui, tout interloqués de cette scène, attendaient qu'on
leur rendît leur vice-président. L'incident fit du bruit dans le monde parlementaire. M. de Salvandy donna sa démission d'ambassadeur et le
Comité directeur de l'Opposition, ne reculant pas devant le scandale d'une
mise en cause du Roi, le cherchant au contraire, décida de porter l'inci-

1. Lorsque le duc de Bordeaux quitta l'Angleterre, les Représentants de la France près
les cours d'Allemagne reçurent l'ordre de s'opposer énergiquement aux démonstrations qui
pourraient se produire et de soutenir le droit des gens contre le duc qui était sorti de son
caractère privé pour se poser en Prétendant. (Note de l'Editeur des *Mémoires*),

court embarras, dont on a espéré un moment tirer quelque
parti.

« 4° Enfin, et par-dessus tout, Taïti, tuile aussi grosse
qu'inattendue [1].

« L'opposition a exploité tout cela avec ardeur, s'en pro-
mettant quelques chances. Le parti conservateur en a été
quelques semaines un peu inquiet et ébranlé.

« Tout cela est passé. La querelle est vidée, de l'aveu de
tout le monde. Elle a été vidée contre toutes les nuances
de l'opposition réunies sous le drapeau de la gauche. Le

dent à la Tribune. M. Thiers offrit de s'en charger lui-même à la grande
surprise, mais à la grande joie de ses alliés » (Thureau-Dangin. *Histoire
de la Monarchie de Juillet*, tome V, p. 245-246).

La disgrâce de M. de Salvandy ne fut pas de longue durée. L'année
suivante, Louis-Philippe lui confia le portefeuille de l'Instruction
publique.

1. Grâce à l'ascendant que Pritchard (cf. *Dictionary National Geography*,
xxvi, 406-407), à la fois missionnaire et consul britannique, avait pris sur
la reine Pomaré, il l'avait amenée à méconnaître le Traité qu'elle avait
conclu, en septembre 1842, avec l'amiral Dupetit-Thouars et qui avait
établi à Taïti le protectorat français. L'amiral, à son entrée à Taïti,
avait en conséquence déposé la reine Pomaré et déclaré possession
française tout l'archipel de la Société (novembre 1843). Le Gouvernement de Juillet, préoccupé d'éviter un conflit avec l'Angleterre, avait,
il est vrai, désavoué cette mesure dès le mois de février 1844. Mais, à
Taïti, les autorités françaises ignorant ce désaveu, s'étaient emparées du
gouvernement et comme une révolte fomentée par Pritchard avait éclaté
parmi les indigènes, le commandant de Papéete s'était décidé à faire arrêter ce personnage qui, ayant renoncé à son titre de consul, n'était plus
couvert par l'immunité diplomatique et qui fut expulsé de l'île au commencement de mars. La nouvelle de ces menus événements arriva en
Angleterre vers la fin de juillet, presque en même temps que Pritchard
lui-même. Le patriotisme britannique fut à ce moment chauffé à blanc. Le
Révérend fut accueilli comme un martyr et l'exaspération du peuple britannique contre la France et son Gouvernement fut bientôt portée au
paroxysme. Robert Peel ne craignit pas de dire en pleine Chambre des
Communes que l'Angleterre avait été *grossièrement insultée* et qu'une
réparation lui était due. Il va sans dire qu'en France le public ne restait
pas froid devant ces provocations et ces menaces... Bref, vers la fin d'août,
il semblait que l'*Entente cordiale* fût sur le point d'aboutir à une véritable
déclaration de guerre. Louis-Philippe était plus que jamais partisan de la
paix. Il n'était pas disposé à la compromettre pour ce qu'il appelait les
tristes bêtises de Taïti. On lui a reproché, non sans quelque raison, l'em-
pressement avec lequel il céda en cette circonstance aux injonctions de
l'Angleterre (Debidour. ***Histoire diplomatique de l'Europe***, I, 413-414).

parti conservateur est vainqueur et content, plus sûr que jamais de sa force propre et plus attaché que jamais à la politique du Cabinet.

« La situation est donc nette et forte. Mais elle sera très militante. L'opposition qui n'a plus d'espoir, est piquée de sa défaite. Elle nous harcèlera incessamment. Nous serons souvent sur le champ de bataille et toujours sur le qui-vive.

« Ne vous étonnez donc pas si ma correspondance est encore un peu rare et courte. Le dedans m'absorbe encore beaucoup. J'ai pourtant grande envie que le dehors marche bien et me donne de la force au lieu de me créer des embarras. C'est dire que j'ai besoin de compter sur l'adhésion et le concours du prince de Metternich. Je me permets d'ajouter que j'y ai droit.

« Il ne tiendrait qu'à moi de croire que le prince de Metternich a contre nous de l'humeur à cause :

« 1° De notre intimité avec l'Angleterre.

« 2° De la reconnaissance de la reine d'Espagne par le roi de Naples et du mariage qui peut s'en suivre[1]. Cela me revient de bien des côtés. Les ennemis de la politique conservatrice l'espèrent un peu et le disent beaucoup. Je suis bien décidé à n'en rien croire. Le prince de Metternich a l'esprit trop ferme et trop profond pour s'arrêter à une vue si superficielle des choses.

« Bien que le rétablissement de la bonne intelligence, de l'*entente cordiale*, de l'intimité, si l'on veut, entre Paris et Londres ne puisse lui causer aucun déplaisir, je dis, et je dis sans hésiter, qu'il doit s'en applaudir et la maintenir de tout son pouvoir.

« Il n'y a aujourd'hui entre les grands États point de rivalité réelle, point de sérieux conflit d'intérêts, point de vraie lutte d'influences. Aucun de ces États ne songe à s'agrandir aux dépens des autres. Aucun ne convoite à

---

1. Voir à ce sujet le paragraphe de la réponse de Metternich relatif à l'Espagne dans *Metternich et l'Entente cordiale*.

aucun autre sa place et son poids dans l'ordre européen. Toute politique fondée sur la jalousie et la lutte d'influences est petite, vieille et fausse.

« Aussi est-ce une satisfaction bien peu intelligible que celle qu'ont laissé entrevoir Apponyi à Paris et Neumann à Londres [1] à l'occasion de l'affaire de Taïti et des chances

1. « La nomination du baron de Neumann comme ministre plénipotentiaire à Londres, n'a point étonné, puisque cet ancien diplomate est le frère du prince de Metternich et en est spécialement protégé. Mais cela démontre de plus en plus l'inconvénient du manque de souverain et de ce que le ministre décide en dernier ressort et sans appel. Comme le père putatif du baron de Neumann était valet du prince de Metternich père, le feu Empereur avait toujours refusé de l'élever au rang de ministre, en disant que jamais il ne se ferait représenter par le fils d'un valet de chambre. A présent que rien ne peut plus s'y opposer, le Prince Chance. lier a fait ce qu'il a voulu... » (*Comte Mario degli Alberti. Carteggio Sambuy. Confidentielle, LXXVII*, Vienne, 2 avril 1842).

Neumann n'était pas un inconnu pour Guizot. Il l'avait déjà rencontré à Londres en 1840, lorsqu'il y représentait la France près du Cabinet de Saint-James, lors de la signature de l'arrangement à quatre, la Convention du 13 juillet 1840 entre la Grande-Bretagne, l'Autriche, la Prusse et la Russie pour la pacification du Levant. « Le baron de Neumann, écrit-il, était un serviteur confidentiel du prince de Metternich, intelligent, prudent, discret avec solennité, évitant surtout de compromettre sa Cour et lui-même, portant, je crois, autant de goût à mon cuisinier qu'à ma conversation... » (Guizot. *Mémoires*, V, 57).

Comme le montre sa Notice biographique, Neumann remplaçait à ce moment comme Chargé d'Affaires le prince Paul Esterhazy, en congé à Vienne.

Neumann (Philippe, baron de), né à Vienne en 1788, entra d'abord dans l'administration des Finances qu'il quitta au bout de deux ans pour passer dans la diplomatie, où il débuta à Paris sous Metternich. Employé assez fréquemment par lui, en 1813 et 1814, comme courrier chargé de porter d'abord à Naples, puis à Paris, des dépêches de la plus haute importance et des instructions confidentielles, puis secrétaire de la légation à Londres (1815), il fut chargé en 1824 de conduire entre le Brésil et le Portugal les négociations qui amenèrent la réconciliation du roi Jean IV avec son fils D. Pedro, empereur du Brésil. Envoyé en 1826 au Brésil pour résoudre la question de la succession du Portugal et les prétentions de D. Miguel, il prend une part importante, en 1827, aux négociations qu'on suivit à cet effet à Vienne. Après avoir, en 1829, collaboré au traité de commerce entre l'Angleterre et l'Autriche, il est affecté bientôt après à l'ambassade de Londres en qualité de conseiller, y gère les affaires pendant les absences de son chef, le prince Paul Esterhazy, et ne quitte ce poste que lorsqu'il est nommé ministre à Florence. Créé baron en 1830, il épousa lady Augusta Semerset, fille d'Henry, duc de Beaufort, dont il devint veuf en 1830. Il resta jusqu'à la fin de sa vie un des intimes et des confidents du prince de Metternich.

de conflit qui pouvaient en résulter entre nous et l'Angleterre.

« Il n'y a qu'une affaire en Europe, et la même pour tout le monde, la répression de l'esprit anarchique et le maintien de la paix dans ce dessein.

« La paix est bien autre chose que la prospérité des peuples, c'est la sûreté de l'ordre social.

« Deux sortes de gouvernements sont maintenant en présence de l'esprit anarchique et aux prises avec lui : *la monarchie pure et la monarchie constitutionnelle.*

« Je ne pèse point le mérite de ces deux formes de gouvernement; je ne les compare point. Ce sont deux faits, puissants tous deux, qui ont l'un et l'autre de puissantes raisons d'être et qui se doivent mutuellement du respect.

« Tous deux ont le même besoin de la défaite de l'esprit anarchique et du triomphe de l'esprit conservateur. Tous deux, sous des formes et avec des armes différentes, combattent au fond pour la même cause.

« Je ne croirai donc jamais qu'un esprit comme celui de M. de Metternich se prête un moment à l'idée de la séparation des grands États européens en deux camps, celui des monarchies pures et celui des monarchies constitutionnelles ; il n'y a que les révolutionnaires qui désirent cette séparation ; dans les monarchies pures, il n'y a que les fanatiques et les sots.

« Je ne suis donc point de ceux qui disent en ce moment : « La Russie, l'Autriche et la Prusse resserrent leurs liens, parce que la France et l'Angleterre ont resserré les leurs. On veut opposer entente cordiale à entente cordiale. C'est là le dessous du voyage du comte Orloff à Vienne [1] et le

1. Orloff (Alexis, comte) (1781-1861), commença sa carrière dans l'armée russe. Après avoir pris part à toutes les campagnes contre Napoléon et contribué à réprimer l'insurrection militaire de 1825, il entra, en 1828, dans la diplomatie, conclut, en 1833, le traité d'Unkiar-Skélessi qui assurait à la Russie seule le libre passage des Dardanelles. Ambassadeur à Constantinople après la signature de la paix, ami et confident de Nico-

voyage annoncé de l'Empereur Nicolas à Tœplitz ou Vienne sera une seconde édition de Münchengrätz[1].

« Je suis convaincu que le prince de Metternich n'entrera jamais réellement dans une si pauvre et si fausse politique. Mais je le prie de considérer deux choses :

« L'une, que tous les chefs d'Etat n'ont pas le jugement aussi libre, aussi fixe, aussi serein que lui, et que des

las Ier qui le combla d'honneurs et de distinctions et qu'il accompagna dans tous ses voyages, il représenta la Russie en 1856 au Congrès de Paris.

« L'arrivée imprévue du comte Orloff, mandait, le 20 février 1844, le comte Sambuy au comte Solaro della Margarita (*Comte Mario degli Alberti. Carleggio Sambuy*, n° 1777, t. III, 310, 318) est naturellement le sujet de toutes les conversations politiques... C'est un trop grand personnage en Russie, il est trop avant dans la confiance de l'empereur Nicolas et trop haut placé pour être chargé d'une mission qui ne soit pas des plus importantes. On assure en outre qu'il ne s'expose pas à entamer une négociation dont le résultat puisse être douteux et que son intervention doit nécessairement annoncer l'issue favorable de l'affaire qu'il est chargé de conclure... Les pensées se portent donc sur un projet de mariage entre l'archiduc Etienne et la grande-duchesse Olga comme but principal de la venue du comte Orloff : cela fait rechercher toutes les circonstances qui peuvent se rattacher à ce projet ».

Dans toutes les dépêches que Sambuy adresse à sa Cour en ce moment et pendant quelque temps elles sont presque quotidiennes), le ministre de Sardaigne s'étend longuement sur la présence du comte Orloff à Vienne, sur l'impopularité que rencontre dans toutes les classes ce projet de mariage. Aussi Sambuy cherche-t-il à découvrir le véritable but du voyage du comte Orloff et en vient-il, le 23 février (*Ibid.*, p. 314) à la conclusion suivante : « Un seul motif présente quelques caractères de vraisemblance. C'est que l'empereur Nicolas, blessé de la manière dont la reine d'Angleterre s'est exprimée dans son discours d'ouverture du Parlement en montrant une préférence marquée pour l'alliance de la France, voudrait conserver la sienne avec l'Autriche pour faire contrepoids à celle des deux grandes Puissances constitutionnelles occidentales et que ce serait l'un des sujets des négociations de son aide de camp. . »

Le 25 mars, le comte Orloff reprenait le chemin de Saint-Pétersbourg sans avoir pu vaincre la résistance de la Cour de Vienne à ce projet de mariage.

1. Ce ne fut pas à Vienne, mais à Londres que Nicolas se rendit. Le 31 mai, il arrivait à Londres. Blessé dans son amour-propre par l'insuccès de ses tentatives de mariage et de rapprochement avec l'Autriche, en venant rendre visite à la reine Victoria, en affectant d'oublier le mécontentement que lui avait causé son Message au Parlement, il cherchait maintenant, ne pouvant plus compter sur l'Autriche, à jeter les bases d'une entente entre Londres et Pétersbourg pour le règlement de la question d'Orient.

esprits passionnés ou légers peuvent s'engager, bien avant dans cette voie, du moins se donner le plaisir de paraître y entrer.

« L'autre, qu'en ce genre les apparences seules sont mauvaises. Une grande partie du public européen s'y trompe et il peut en résulter des troubles dans les relations et de l'embarras dans les affaires.

« Je conjure donc le prince de Metternich de ne pas laisser s'établir même les apparences d'une politique qui ne peut pas être la sienne. Je ferai ici un acte de grande fatuité. J'ai trouvé quelquefois que M. de Metternich n'allait pas assez complètement, assez hardiment jusqu'au bout de sa propre raison et de sa propre volonté, qu'il n'avait pas en lui-même, dans sa pensée et dans sa force, une assez entière et active confiance. Sa gloire est d'avoir eu une idée fixe, la répression de l'esprit anarchique, et d'avoir eu cette idée sans aveuglement ni fanatisme, c'est-à-dire d'avoir su reconnaître à quelles conditions, par quels moyens, dans quelle mesure, selon les lieux et le temps, le succès pouvait être obtenu. Je le conjure d'être tout lui-même et d'agir personnellement, selon ce qu'il pense réellement.

« Auprès de l'intérêt supérieur et général qui nous est commun, l'intérêt de la politique conservatrice en Europe, que signifient des diversités de situation et d'opinion qui peuvent exister entre nous sur telle ou telle question spéciale, même grande : l'Espagne, l'Italie, la Grèce ?

« En Espagne, M. de Metternich croit le parti carliste plus fort que nous ne le pensons et en fait plus que nous le pivot de sa politique ; mais il ne veut pas plus fermement que nous la fin de l'état révolutionnaire et le rétablissement d'un pouvoir un peu régulier et monarchique. Et nous pouvons, je crois, plus que personne, y contribuer.

« En Italie, sur le terrain de Naples, nous avons, lui et

nous, différé naguère de vue et d'intérêt. J'ai beaucoup, à dire, à ce sujet. Je vous en écrirai spécialement un de ces jours. Il est impossible que certaines diversités naturelles de situation et de politique ne se retrouvent pas, sur certains points et de temps en temps, entre les États liés par l'entente générale la plus réelle et la plus sincère. Est-ce à dire que l'entente générale en doive être troublée et qu'elle ne comporte pas une certaine mesure de liberté ? M. de Metternich n'est pas plus opposé que nous à toute tentative révolutionnaire en Italie, et les faits le lui prouveront[1]. C'est encore un point sur lequel j'ai des détails à donner. Je regrette de ne pas l'avoir encore fait. Je ne tarderai pas. J'ai fait ici ce qu'il y avait à faire. C'était le plus pressé.

« Quant à la Grèce, au fond nous ne différons guère et, à tout prendre, le prince de Metternich nous a secondés plutôt que contrariés à Athènes depuis six mois[2]. J'ai pourtant sur ces événements-là et leur avenir bien des choses à lui dire et à lui demander. J'ai grand besoin de connaître à cet égard toute sa pensée. Quel dommage que

1. Voir, dans la dépêche de Metternich à Guizot, les deux paragraphes relatifs à l'Italie.

2. La Grèce, qui avait un roi depuis 1833, n'avait pas encore de constitution. Othon de Bavière, qui la gouvernait fort mal, lui refusait la liberté parlementaire, qu'elle réclamait à grands cris. La révolution, à la fois populaire et militaire, du 15 septembre 1843, l'obligea de capituler devant ses sujets. Cet événement, que l'Angleterre avait quelque peu provoqué, que la France n'avait pas souhaité, que la Russie avait réprouvé, sembla d'abord devoir assurer la prépondérance en Grèce au Gouvernement britannique. De fait, quand la Constitution eut enfin été mise en vigueur (mars 1844), c'est à un partisan résolu de la Cour de Londres, Mavrocordato, que fut confiée la direction des affaires. Mais ce ministre fut, dès son avènement, contrecarré, réduit à l'impuissance par le parti français dont le chef, Colettis, qui arrivait de Paris et qui jouissait en Grèce, depuis la guerre de l'Indépendance, d'une immense popularité, était en outre secondé par le représentant de Louis-Philippe, Piscatory, personnage très actif et fort bien vu des Hellènes. Au bout de quelques mois, il fut amené à résigner le pouvoir et son rival fut appelé au Ministère (août 1844) où, malgré l'hostilité de l'Angleterre, il devait se maintenir jusqu'à sa mort (septembre 1847). (Debidour. *Histoire diplomatique de l'Europe*, I, 410-411).

le château d'Eu ne soit pas aussi près de Vienne que de Brighton.

« Voilà une bien longue lettre, mon cher comte, et j'ai à peine commencé ; et je vous quitte l'esprit plein de tout ce que je voudrais encore vous dire ; je vous reviendrai la semaine prochaine. J'ai lundi le débat sur les fonds secrets. On dit que ce ne sera pas grand'chose. Le boute en train de l'opposition, Duvergier de Hauranne, part après ce débat pour aller se promener à Constantinople et à Athènes.

« Adieu, mon cher comte, mille amitiés. »

L'impression qu'avait produite sur l'esprit de Metternich la lettre de celui que, tout en se refusant à voir en lui un *homme d'État consommé*, il tenait cependant pour « le « meilleur ministre que la Révolution de Juillet avait amené au timon des affaires »[1], n'avait pas seulement été, on ne saurait en douter, des plus vives et des plus profondes. Tout semble indiquer de plus que les idées émises par Guizot, si elles ne pouvaient le surprendre, avaient eu le don de troubler la sérénité olympienne dans laquelle il se complaisait, de l'énerver à tel point que, ce qui lui arrive rarement, il se laisse aller à son premier mouvement.

Dès que Flahaut est sorti de son cabinet, aussitôt après avoir jeté un premier et rapide coup d'œil sur la dépêche dont notre ambassadeur vient de lui donner communication, il prend la plume et adresse à Apponyi ces quelques lignes, dans lesquelles il laisse apercevoir, bien plus qu'il ne le fera dans sa réponse du 19 avril, le mécontentement, le dépit et surtout les craintes que ne cessera jamais de lui inspirer, malgré la façon dédaigneuse dont il affecte de la traiter, cette odieuse *Entente Cordiale*

1. Metternich. *Mémoires*, t. VII, p. 27-29. Metternich à Apponyi, Trieste 29 avril 1844.

que quelques mois auparavant, dans sa dépêche du 26 janvier, il a appelée *la monstrueuse jonction de la France et de l'Angleterre*. Il est en effet de nouveau si manifestement inquiet, si impatient, si pressé de savoir exactement où en sont les choses que, ne voulant pas attendre l'échange de vues auquel ne peut manquer de donner lieu la remise de la lettre qu'il écrira à tête reposée et qu'Apponyi sera chargé de placer sous les yeux de Guizot, il prescrit sur l'heure même, et vraisemblablement *ab irato* à son représentant à Paris, en des termes qui nous révèlent l'agitation, le trouble de son esprit, de « s'expliquer envers M. Guizot avec franchise et sous les dehors d'un grand calme » ; — qui à ce moment semble lui avoir fait défaut.

Metternich au comte Apponyi.

Vienne, le 25 mars 1844.

« Le Cabinet français marche avec l'Angleterre, parce que cela lui convient sous plus d'un rapport. Poussera-t-il cependant la courtoisie jusqu'aux derniers termes, lesquels seront marqués par la guerre ou la retraite morale ? J'ai de la peine à le croire. *Veuillez vous expliquer avec M. Guizot avec franchise et sous les dehors d'un grand calme.*

« Nous, qui ne savons point capituler quand il s'agit de la défense d'un principe, ni fléchir sur la ligne que nous regardons comme la seule conforme aux principes, nous restons pour le moment *spectateurs intéressés* du conflit, sauf à entrer en scène le jour où notre conscience nous dira que l'heure de l'action a sonné.

« Tout, dans l'affaire, est de mauvais aloi et nous ne voulons pas nous y engager. Si l'*Entente Cordiale* n'a en vue d'autre but que la protection du désordre là où celui-ci a pris racine, et sa provocation là où il ne se montre pas encore au grand jour, alors cette Entente pourra coûter cher au monde et cela à commencer par ceux qui y sont engagés »[1].

Bien que dans sa superbe, sous « ce fond inébranlable d'orgueil », comme le dit si justement Guizot en parlant de sa rencontre à Londres en 1848 avec Metternich, le chancelier n'ait pas craint de lui dire, même dans un pareil moment, l'*erreur n'a jamais approché de mon esprit*, si le prince n'a pas vécu assez longtemps pour être témoin des catastrophes, dont, involontairement ou inconsciemment à coup sûr, il a préparé la venue, il convient tout au moins de faire remarquer en passant que le grand homme d'État, si intimement convaincu de son infaillibilité, était un bien mauvais prophète. L'*Entente Cordiale* n'a pas, comme il les en prévenait charitablement, commencé, tant s'en faut, par coûter cher à ceux qui s'y sont engagés.

II

Grâce à la bienveillance et à la générosité de Mme de Witt-Schlumberger, rien ne manquera plus, Messieurs, à la documentation dont elle a eu la bonté de me faire bénéficier, ainsi qu'à la communication, que j'ai l'honneur de vous faire aujourd'hui. Allant bien au delà des désirs que je m'étais permis de lui exprimer, d'espoirs que je ne pouvais concevoir, elle a en effet mis le comble à ses bontés en joignant à son envoi deux dépêches particulières (et par conséquent inédites, puisqu'elles ne figurent pas dans le volume : *Autriche* des Archives des Affaires Étrangères), deux dépêches de Flahaut d'une réelle importance et dont la dernière, celle du 18 avril, n'est rien autre que la préface et le résumé de celle que le prince de Metternich chargeait Apponyi de communiquer à Guizot.

1. Metternich. *Mémoires*, VII, pp. 25.

Comte de Flahaut à Guizot.

Particulière.

Vienne, le 2 avril 1844

« Mon cher Monsieur,

« Je profite de l'occasion qui se présente pour vous faire parvenir la nouvelle arrivée de Constantinople et pour vous remercier de votre lettre particulière du 16 mars. Elle m'a été extrêmement utile et j'en ai fait un grand usage dans mes conversations avec le prince de Metternich.

« Je lui ai même lu des passages qui auraient trop perdu si, en passant par ma bouche, ils avaient subi la moindre altération.

« Il en a été extrèmement frappé et il donne son assentiment à tout ce que vous dites de la politique générale des Grandes Puissances et de ce qu'il y aurait de fâcheux et même de dangereux dans la seule apparence d'une « association des Gouvernements absolus en regard de celles des Gouvernements constitutionnels ». Aussi dit-il qu'il ne cesse de recommander l'entente, non entre tel et tel cabinet, mais entre toutes les Grandes Puissances, puisqu'elle seule peut résoudre, d'une manière pacifique et favorable, toutes les questions en litige.

« Du reste, il doit me donner, d'ici à quelques jours, un résumé de ses idées à ce sujet.

« Il m'a chargé de vous faire ses remerciements pour le soin et l'activité déployés par le Gouvernement du Roi dans les mesures prises pour prévenir les tentatives des réfugiés italiens.

« Ceci m'amène à vous parler de l'opinion, que M. de la Rosière [1] m'a dit lui avoir été exprimée en haut lieu : Que

1. La Rosière (Thuriot de) (1807-   ), 2° secrétaire à Berne (14 juin 1834), mis en disponibilité (16 mars 1833), envoyé en mission au Brésil (1er sep-

le prince de Metternich, tout en manifestant des craintse
pour la tranquillité de l'Italie, n'aurait pas été fâché
qu'elle eût été troublée par des désordres assez grands
pour donner à l'Autriche un prétexte d'intervention et un
moyen de se venger ainsi de nos succès en Espagne et de
la reconnaissance de la reine Isabelle par le roi de Naples.

« Je prendrai la liberté de dire ici ce que je pense à ce
sujet. D'abord, la vengeance n'est pas un sentiment qui
ait prise sur le prince de Metternich et qui surtout entre
pour la plus petite part dans les mobiles qui dirigent sa
conduite. Son système est le maintien de la paix générale
par tous les sacrifices possibles : la bonne intelligence
avec tous les Grands Gouvernements et l'alliance intime
avec ceux qui protègent plus particulièrement les intérêts
conservateurs et sont les défenseurs du principe monarchique et, dans une mesure convenable, du principe de la
légitimité. On comprend facilement alors qu'il ait été
peiné de voir s'évanouir l'espoir qu'il avait eu un moment
de vous faire adopter en Espagne le mariage du fils de
D. Carlos avec la reine Isabelle, et encore plus de la
combinaison matrimoniale qui donnait un prince napoli-
tain pour époux à cette souveraine, combinaison qui, à
ses yeux, avait pour premier effet de faire abandonner la
ligne conservatrice par le souverain le plus puissant de
l'Italie pour lui faire reconnaître une reine constitutionnelle et (selon ses idées) illégitime.

« Il n'est pas douteux que, de ces événements et du
compte que le comte Apponyi lui a rendu de sa conversation avec Sa Majesté à son retour d'Eu, le prince de Metternich n'ait conservé un sentiment pénible.

tembre 1833), 2ᵉ secrétaire à Rio-de-Janeiro (15 juillet 1834), à la Haye
(4 mars 1839), envoyé en mission en Espagne (janvier-février 1843),
envoyé en mission à la Haye (mars-avril 1843), à Turin (1ᵉʳ octobre 1843),
1ᵉʳ secrétaire à Rome (1ᵉʳ février 1844), ministre plénipotentiaire à Rio-de-
Janeiro (1ᵉʳ juin 1846), à Mexico (1ᵉʳ novembre 1846), mis à la retraite
(23 octobre 1848).

« Cela n'est pas douteux; mais qu'à cause de cela, et pour se venger, il désire que des soulèvements révolutionnaires lui donnent le droit d'intervenir en Italie par la voie des armes, soyez certain qu'il n'en est rien.

« Si vous me demandez ce qu'il ferait, dans le cas où une insurrection viendrait à éclater et où le drapeau républicain paraîtrait triompher, je n'hésite pas à vous le dire, il interviendrait : c'est pour lui, en Italie, une question de vie ou de mort et, je n'en doute pas, un parti pris.

« Ce n'est pas qu'il me l'ait dit, car je me hâte toujours de déclarer la chose impossible, tant elle sera dangereuse; mais je vous le répète, j'ai la conviction qu'elle se ferait, et le silence même du Prince à ce sujet en est la preuve. La discussion est inutile, lorsqu'on a pris son parti; mais je puis vous assurer qu'il en aurait le plus vif regret et je n'en veux d'autre preuve que l'extrême satisfaction que lui a causée le succès de vos mesures préventives.

« Je vous ai mandé dans mes lettres chiffrées tout ce que j'ai pu apprendre de la mission du comte Orloff. J'ai essayé plusieurs fois dans mes entretiens avec le prince de Metternich de mettre la conversation sur ce sujet pour en tirer davantage, mais toujours inutilement.

« Il y a trois ou quatre jours encore, je lui ai dit qu'il était singulier que le but de cette mission n'eût point transpiré, « car enfin, mon cher Prince, ai-je ajouté, vous « m'avez bien dit ce qu'il n'était pas venu faire, mais je « ne puis pas croire qu'au mois de février, l'Empereur « Nicolas l'ait envoyé à Vienne voir quel temps il faisait. « Or, que puis-je dire à M. Guizot? Que le prince de Met- « ternich m'a donné l'assurance qu'il n'était pas venu trai- « ter d'un mariage; que, m'ayant donné cette assurance « spontanément, de son plein gré, sans y avoir été pro- « voqué par aucune question indiscrète qui lui aurait « donné le droit de me répondre comme bon lui aurait « semblé, je devais y ajouter la plus entière confiance;

« qu'autrement, j'aurais pu me demander s'il ne se pouvait
« pas que l'empereur de Russie eût vu avec déplaisir cette
« déclaration d'entente, exprimée réciproquement, l'une
« pour l'autre, par les couronnes de France et d'Angle-
« terre et eût désiré consulter confidentiellement le prince
« de Metternich sur un moyen de répondre à cette décla-
« ration par quelque chose d'analogue, qui publierait l'en-
« tente existant entre les trois Puissances, sans considérer
« que cela aurait le fâcheux et dangereux effet de ranger
« les Gouvernements absolus d'un côté et les Gouverne-
« ments constitutionnels de l'autre, danger, qui sans doute,
« n'aurait pas échappé à un esprit aussi pénétrant et
« éclairé comme celui du prince de Metternich ».

« Le Prince m'a répondu que j'avais pu voir combien il
avait redouté à Constantinople les dangers d'une telle
position ; que c'était ce qu'il avait craint le plus dans la
démarche des représentants de la France et de l'Angleterre, à laquelle leurs collègues n'avaient pu se réunir ; que
rien ne serait plus déplorable que la séparation des Grandes
Puissances ; que tant que la bonne intelligence régnait
entre elles, il n'y aurait pas d'affaire difficile ; que, du
moment qu'elle serait interrompue, le moindre embarras
pouvait devenir sérieux ; qu'il admettait du reste, la pos-
sibilité et même la probabilité de mes suppositions ; mais
que ce qui était probable n'était pas toujours vrai et que,
dans le cas actuel, il en était ainsi ; que le comte Orloff
avait senti et averti l'Empereur du retentissement
qu'aurait son arrivée à Vienne et de toutes les spécula-
tions auxquelles elle donnerait lieu ; mais que l'Empereur était peu sensible à de telles considérations et se
laissait peu arrêter par elles, lorsqu'il avait une idée
en tête. »

« Là-dessus, il m'a parlé longuement de l'Empereur
Nicolas et du comte Orloff, mais sans me dire rien de plus
sur l'objet de la mission de ce dernier.

« L'opinion générale ici est toujours qu'il s'agissait du mariage et qu'il est loin d'avoir réussi, du moins jusqu'à présent, car les gens qui connaissent bien le terrain ne doutent pas que, si l'empereur Nicolas se montre courroucé et insiste, il ne réussisse.

« En tout cas, je puis dire que jamais mariage n'a été plus attaqué, et par toutes les classes.

« La santé de M. le comte de Marnes est toujours dans le même état et il paraît, d'après une lettre de M. de Montbel, que la patience avec laquelle il supporte d'affreuses douleurs, est réellement admirable. Le prince de Metternich m'a lu sa réponse à cette lettre ; il y exprime le dégoût que lui inspire l'alliance du *vieil esprit jacobin* avec le *néoroyalisme* et il ajoute que les partis perdent toute considération, quands ils font alliance avec les principes contraires.

« Agréez, mon cher Monsieur, l'expression de mon sincère attachement.

« Signé : FLAHAUT. »

Particulière.

Vienne, le 18 avril 1844.

« Mon cher Monsieur,

« Je profite du départ d'un courrier autrichien pour vous écrire quelques mots.

« Je vous ai mandé que j'avais lu au prince de Metternich des extraits de votre lettre particulière du 16 mars, et qu'il en avait été si frappé qu'il m'avait exprimé le désir et l'intention d'y répondre. Il l'a fait, et m'a lu hier cette réponse, que le courrier chargé de cette lettre porte au comte Apponyi avec ordre de vous la communiquer. Vous y verrez que le Prince partage entièrement votre manière de voir sur la politique générale de l'Europe et votre opinion qu'il n'y a plus aujourd'hui entre les Grands Etats de rivalité réelle, de sérieux conflits d'intérêts, de vraies luttes d'influence ; qu'il n'y a plus qu'une affaire en Europe, et la même pour tout le monde : la répression de l'esprit anarchique et le maintien de la paix dans ce dessein. Il dit n'avoir pas travaillé à autre chose depuis 1814.

« Il reconnaît que tous les Gouvernements ont le même besoin du triomphe de l'esprit conservateur et, s'il ne classe pas comme vous, du moins sous les mêmes dénominations, les Monarchies européennes, s'il cherche à affaiblir les caractères qui les distinguent, vous devez y voir la preuve qu'il est loin d'être disposé à les ranger en camps séparés et opposés l'un à l'autre.

« Il est du reste inutile que je m'étende sur le contenu d'une lettre qui vous sera communiquée ; mais je crois que vous me saurez gré d'avoir mis, pour ainsi dire, vos deux esprits en communication directe l'un avec l'autre ; il ne peut en résulter que de grands avantages pour les affaires, lorsqu'elles sont dirigées par des hommes véritablement supérieurs. Une entrevue en ferait plus que toutes mes dépêches, mais Paris est trop loin de Vienne.

« En attendant, je crois pouvoir vous assurer que vous êtes, sans aucune exception, le Ministre européen, dont les principes, les lumières, le jugement et le courage inspirent le plus de confiance au prince de Metternich ; il exprime souvent cette opinion et, sous ce rapport, vous n'avez pas de rival en Angleterre.

« Quoiqu'on n'en parle pas, je crois le voyage de l'empereur Nicolas à Tœplitz parmi les choses probables, mais en tout cas il n'aurait lieu que vers le mois d'août [1].

1. Quelques jours auparavant, le comte de Sambuy était revenu à deux reprises sur les bruits de projets matrimoniaux et de voyage de l'empereur Nicolas. Dans la première de ces dépêches, celle du 7 avril, il enregistre la singulière nouvelle qu'on rattache à l'arrivée d'un courrier de Saint-Pétersbourg : l'empereur Nicolas songerait, dans le cas où il fau-

« Un paragraphe d'un journal sur la santé de Mademoiselle votre fille m'a causé une vive inquiétude. Que Dieu vous épargne de nouvelles peines.

« Adieu, mon cher Monsieur, croyez à ma sincère amitié.

« FLAHAUT. »

Vingt-quatre heures plus tard, vous le savez, Messieurs, le 19 avril 1844, le prince de Metternich expédiait la lettre qui a fait l'objet de ma communication de 1919. Avant de me retirer, après vous avoir prié de m'excuser si j'ai été contraint par des circonstances indépendantes de ma volonté, à mettre la charrue devant les bœufs, vous voudrez bien, Messieurs, m'accorder encore deux ou trois minutes ; rien que les quelques brefs instants qui me permettront de vous soumettre une question qui me semble de nature à pouvoir être prise en considération par votre Compagnie.

La faveur même, dont je viens d'être l'objet de la part de Mme de Witt-Schlumberger, faveur, dont je lui suis d'autant plus reconnaissant que j'aurai peut-être pu ainsi apporter une utile contribution à l'histoire de l'un des moments les plus intéressants du Ministère du 29 octobre 1840, me fait en effet regretter plus vivement que

drait renoncer à donner la grande-duchesse Olga à l'archiduc Étienne, à se rabattre sur le duc de Bordeaux.

Quarante-huit heures plus tard, il revient en ces termes sur ce sujet : « L'arrivée d'un courrier autrichien de Pétersbourg, écrit-il, que je vous annonçais dans mon précédent rapport, venu deux jours après un *Feldjäger* russe, a augmenté la curiosité publique sur les négociations qui pourront avoir lieu en ce moment entre l'Autriche et la Russie, sans qu'on ait pu rien apprendre et on se perd en simples conjectures. On écrit de Pétersbourg qu'on y parlait beaucoup de projets de mariage pour la grande-duchesse Olga, lorsque le comte Orloff est parti, mais qu'on n'en dit plus un mot depuis son retour. On ajoute que cette Princesse a prié ses parents de ne pas la conduire en Allemagne afin de ne pas avoir l'air de courir à la recherche d'un mari sans être sûre d'en trouver un. Ce qu'on donne comme positif, c'est que l'empereur Nicolas ne doit quitter sa capitale qu'après la mi-juillet... »

(*Comte Mario degli Alberti. Carteggio Sambuy*, III, 349.)

jamais l'impossibilité, où malheureusement nous nous trou-
vons de tirer parti des richesses enfouies dans les arcanes
des collections privées et par conséquent le manque dans
notre pays d'un organisme dans le genre de celui qui, sous
le nom d'*Historical Manuscripts Commission* a déjà rendu
et continue à rendre de si grands services de l'autre côté
de la Manche. Vous connaissez assurément bien mieux
que moi, Messieurs, la longue liste de documents qui
depuis 1870 ont été mis à la disposition des travailleurs
grâce à l'action de cette commission, grâce aussi aussi
aux garanties de toute espèce qu'elle offre aux possesseurs
de ces trésors restés inconnus parce que trop longtemps
inaccessibles pour des raisons de préservation qu'il deve-
nait désormait impossible d'alléguer... Pareille entreprise
n'a pas encore été tentée chez nous. Ne vous semble-t-il
pas, Messieurs, qu'elle aurait chance de réussir si votre
Compagnie croyait pouvoir lui accorder son patronage et
prendre l'iniative de cette création ?

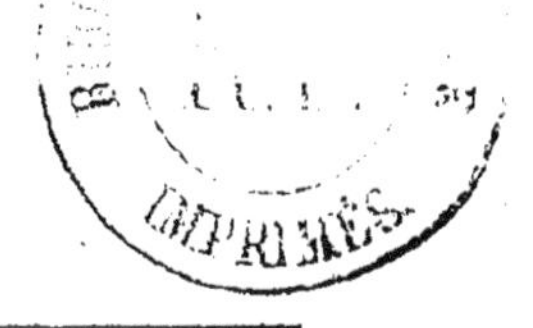

ÉVREUX, IMPRIMERIE CH. HÉRISSEY